Emprende sin Rendirte
Nerma Elisa Albertorio
© 2025 - Primera edición

ISBN: 979-8-218-84257-4

Arte de portada: Ricardo Figueroa
Fotografía: Tribu 83
Maquetación: Kathia Alsina
Impreso en Naguabo, Puerto Rico
Edición: Gabriel Camacho
Instagram: @centroparaemprendedores @nermaelisa

Página web: www.centroparaemprendedores.org
www.nermaalbertorio.com

Todos los derechos reservados.

La autora se basa en este libro en su educación, preparación y experiencia. Ninguna persona real ha sido discutida, referida o citada en esta publicación.

La autora no es responsable de cualquier omisión en esta publicación.

En un esfuerzo por apoyar la operación continua del Centro para Emprendedores, Inc., organización sin fines de lucro fundada por la autora, parte de las ganancias de este libro estarán destinadas a esta organización.

Ninguna parte de esta publicación podrá ser reproducida, almacenada o transmitida, en ninguna forma ni por ningún medio, ya sea electrónico, mecánico, fotocopia, grabación u otros medios, sin el permiso previo de la autora.

La información presentada en este libro es de referencia general y no debe ser considerada como sustituto de asesoría especializada en los temas aquí presentados. Cada persona o entidad debe gestionar y obtener la ayuda y asesoría especializadas para asuntos relacionados con la planificación de negocios, permisos, aspectos contributivos u otros temas en su respectivo país.

EMPRENDE

sin

rendirte

Nerma Elisa Albertorio

Dedicatoria

Este libro nace porque descubrí, a temprana edad, que las oportunidades no se esperan: se crean. Que no tenía que esperar a que alguien me abriera una puerta para salir adelante, porque soy yo quien decide el camino y no las circunstancias. Esa convicción ha marcado mi vida y me ha traído hasta aquí, y con estas páginas deseo compartir contigo lo aprendido en el trayecto.

A mi hijo, Sebastián Ignacio, mi mayor inspiración y la razón por la que cada día busco construir un país y un mundo mejor. Este libro es para él, para que sepa que no hay fronteras para sus sueños y que todo lo que se proponga es posible con esfuerzo, fe y perseverancia. Mi deseo es que encuentre en estas páginas el eco de lo que significa creer en uno mismo y dejar huella.

A mi compañero de vida, Héctor, quien ha estado a mi lado en cada etapa de este camino, con paciencia, amor y un apoyo incondicional que me sostiene aún en los momentos más difíciles. Su fe en mí y en cada proyecto me recuerda que si compartimos nuestros sueños y caminamos juntos para hacerlos realidad, se alcanzan con mayor dicha.

A quienes trabajan conmigo, ustedes son los que le han dado sentido a este trabajo. Su energía, compromiso y creatividad son el motor invisible que transforma ideas en proyectos y proyectos en realidades.

A mi familia y amigos, por ser esa red silenciosa que me acompaña siempre, que celebra mis victorias y me levanta cuando tropiezo. Gracias por estar, por creer y por recordarme la importancia de mis raíces.

A todos los soñadores y emprendedores que buscan abrirse camino, este libro es para ustedes. Para que sepan que no están solos, que cada paso cuenta y que siempre habrá espacio para crecer, transformar y dejar el mundo mejor de cómo lo hemos encontrado.

A todos los que han sido parte de mi éxito, este libro también les pertenece.

—Nerma

Prólogo

Emprender no es una fórmula mágica. Tampoco es un camino recto ni predecible. Es una travesía que mezcla sueños con realidad, pasión con estrategia y una gran dosis de resiliencia. Si has abierto este libro, probablemente tienes una idea rondando en tu cabeza, un proyecto entre manos o, tal vez, un deseo profundo de hacer algo propio. Crear algo con tu sello, que responda a tus metas y te brinde la independencia y la satisfacción que anhelas.

Quiero que sepas algo desde el principio: no necesitas tenerlo todo resuelto para empezar. La mayoría de quienes emprenden no lo tienen. Lo que sí necesitas es claridad, intención y la firme decisión de no rendirte en el intento.

En los años caminando al lado de emprendedores y emprendedoras de toda Latinoamérica y el Caribe he visto de cerca las historias de personas con ideas brillantes, pero también con miedos muy reales; con creatividad desbordante y, a la vez, con escasa estructura; con el corazón lleno de propósito, pero sin saber por dónde empezar.

Por eso, esta no es una guía llena de teorías vacías o conceptos importados que no se ajustan a nuestra realidad. Es una brújula de mi experiencia como entusiasta de emprendedores y emprendedoras de más de 25 años. Aquí hablamos en español, desde nuestra región: Latinoamérica, entendiendo nuestras limitaciones y celebrando nuestras fortalezas. No se emprende igual cuando somos latinos conectados por un mismo lenguaje; una cultura rica en matices, dimensiones y realidades. Este libro busca entender nuestro idioma y nuestro contexto para hablar de emprendimiento desde lo que nos define.

A lo largo de estas páginas, encontrarás pasos claros, ejemplos, ejercicios prácticos y preguntas para pensar, actuar y crecer. No te voy a prometer que será fácil, pero, desde mi experiencia, sí puedo decir que vale la pena. Emprender es, sobre todo, un acto de valentía. Es atreverse a crear, a fallar, a aprender y a construir algo propio, desde donde estás y con lo que tienes.

Hoy te invito a emprender. No a ciegas, ni solo desde la emoción, sino con estructura, con estrategia, con propósito y con la firmeza de alguien que sabe que no se trata solo de empezar… se trata de no rendirse en el intento.

¡Te doy la bienvenida a este viaje!

Introducción

Emprender desde Latinoamérica y el Caribe: lo que nadie te dice (y lo que sí funciona)

Emprender está de moda. En redes sociales abundan los videos que prometen libertad financiera, ingresos pasivos y el sueño de ser tu propio jefe. Pero quienes hemos acompañado a emprendedores —los que se levantan cada día con la incertidumbre, el cansancio y, a la vez, la emoción de crear algo propio— sabemos que la historia es más compleja y valiosa.

Este libro nace de la necesidad de decir las cosas como son: sin adornos, pero con la firme creencia de que emprender *sí es posible*, incluso en contextos desafiantes como los nuestros. Emprender en nuestros territorios no se parece a lo que cuentan los manuales escritos en Silicon Valley ni a las historias de éxito que circulan en inglés. En toda Latinoamérica, incluyendo el Caribe, los trámites son más complicados, el acceso a capital es limitado y las barreras sociales o económicas son diferentes. Por otro lado, en nuestros países, florecen la creatividad, el ingenio, la calidez de nuestra gente y el enorme potencial de negocios. Comercios que ayudan a resolver problemas locales, generar empleos y transformar comunidades.

Esta guía está pensada para ti:

• Si tienes una idea, pero no sabes por dónde empezar.

• Si quieres ver la viabilidad de tu idea.

• Si ya tienes un negocio, pero te pierdes en la parte técnica, mercadeo o legal.

• Si quieres emprender con propósito, sin improvisar, superando el temor o la falta de recursos.

• Si buscas una guía práctica, en español, con ejemplos y pasos concretos.

Aquí encontrarás herramientas que funcionan, preguntas que te harán pensar, ejercicios para aterrizar tus ideas y consejos basados en la realidad de la región latinoamericana.

Este libro es para subrayarlo, cuestionarlo, llenarlo de notas y, sobre todo, ponerlo en práctica. Cada capítulo está diseñado para que avances un paso más en el proceso de lanzar tu negocio. Si vienes del mundo corporativo, sector industrial o gubernamental, si eres una persona soñadora, creativa o si eres madre, padre, una persona trabajadora o estudiante que quiere generar ingresos propios, este libro te brindará opciones. Emprender no es para "personas elegidas". Emprender es para quienes deciden intentarlo, prepararse y, sobre todo, *no rendirse en el intento.*

Este libro es tu mapa; pero el camino lo determinas tú.

1

¿Qué es emprender y por qué importa?

---⋆---

Imagina que estás conversando con alguien que acabas de conocer y te pregunta: "¿A qué te dedicas?" Si respondes diciendo que eres emprendedor o emprendedora. La aceptación puede ser ambigua ¿Cierto? Hay personas que asocian el emprendimiento con el tener un negocio formal, otras creen que es sinónimo de ser una persona dueña de una gran empresa y están quienes piensan que emprender es simplemente buscarse la vida porque no hay otra opción.

Sin embargo, emprender va más allá de abrir un negocio. Es una actitud, es una forma de ver el mundo y una manera de construir oportunidades, a veces desde cero y contra todo pronóstico.

Emprender es crear valor

Emprender es identificar una necesidad, un problema o una oportunidad y atreverse a crear algo que lo mejore o sea una respuesta. Puede ser un producto, un servicio, una plataforma, una tienda, una aplicación o un proyecto social. Emprender es, en esencia, generar valor: para ti, para tus clientes y para tu comunidad.

Persona Emprendedora vs. Empresario: ¿hay diferencia?

Aunque muchas veces se usan estos términos como sinónimos, hay matices:

- *Emprendedor/a* es quien inicia, quien se lanza con una idea, a veces innovadora, y asume el riesgo de ponerla en marcha.

- *Empresaria/o* es quien gestiona y administra un negocio, ya sea que lo haya creado o lo haya adquirido por compra, herencia o algún otro negocio jurídico.

Si bien, no todas las personas empresarias son emprendedoras en el sentido puro de la palabra, debido a que no todas comenzaron desde cero o con una visión disruptiva. Lo cierto es que, con el tiempo, una persona emprendedora se puede convertir en empresaria. Si logra sostener su proyecto y hacerlo crecer. Ambas funciones son complementarias y necesarias. Lo importante es entender en qué etapa se encuentra y hacia dónde quiere llegar. Tener claro el objetivo.

Por qué importa el emprendimiento en nuestra región

Emprender en Latinoamérica, más que un lujo es una necesidad y una poderosa herramienta de transformación.

Emprender:

- Crea empleo y autoempleo.
- Mueve la economía local y genera riquezas.
- Ofrece soluciones a problemas reales.

- Inspira a otras personas a creer en sus posibilidades.
- Rompe ciclos de dependencia o informalidad.

El emprendimiento en contextos donde el acceso al empleo de calidad es limitado, representa una vía para la autonomía económica y el desarrollo personal. Por ello, más que una moda, emprender es una necesidad estratégica para la región.

Esta es mi versión del viaje emprendedor, pero tenemos datos para apoyar mi razonamiento:

"De acuerdo con el informe del Global Entrepreneurship Monitor (GEM) 2023-2024, se deduce que América Latina es la región más emprendedora del planeta. El 21% de las mujeres y el 25% de los hombres en la región están creando o tienen un emprendimiento." www.gemconsortium.org

"La gestión principal en la región como alternativa para salir de la pobreza es el emprendimiento" según la Fundación Microfinanzas del BBVA. [Día Mundial del Emprendimiento 2024: ¿Cuál es la región más emprendedora del planeta?](#)

"El Fideicomiso de Ciencias, Tecnología e Investigación de Puerto Rico, a través del Reporte Interactivo sobre el estado de la comunidad empresarial en Puerto Rico 2024, mostró un impacto significativo con más de 108,000 empresas creadas, lanzadas o escaladas a través del impacto colectivo de los recursos de apoyo empresarial." [Colmena66 presenta el Reporte Interactivo 2024 sobre el Estado de la Comunidad Empresarial en Puerto Rico y anuncia séptima edición del Boricua Emprende Fest - Puerto Rico Science, Technology & Research Trust](#)

Factores que marcan la diferencia en un emprendimiento

No basta con tener una idea brillante o con querer ser tu propio jefe o jefa. Los negocios que prosperan suelen tener en común algunos factores clave:

✔ **Propósito claro:** saber por qué se hacen las cosas y qué problema se busca resolver.

✔ **Planificación:** tener una hoja de ruta. Debe ser flexible. las cosas cambian y se debe planificar para ello. Los negocios que son flexibles tienen más posibilidades de ajustarse a sus mercados.

✔ **Diferenciación:** ofrecer algo que le distinga en el mercado, que se pueda identificar.

✔ **Adaptabilidad:** tener la capacidad para aceptar equivocaciones, aprender de ellas y volver a intentarlo.

✔ **Red de apoyo:** contar con personas que le asesoren, le motiven y le reten.

✔ **Manejo inteligente de los recursos:** aprender a optimizar el dinero, el tiempo y todos los recursos hábiles que posee.

¿Emprender es para todos?

Tal vez no. Emprender requiere tolerancia a la incertidumbre, ganas de aprender y tener la capacidad de levantarse después de dar tropiezos. No será un camino garantizado, ni siempre será el más fácil, pero es uno de los más gratificantes. Toda persona tiene la capacidad de desarrollar habilidades emprendedoras como lo son la creatividad, la resolución de problemas, el liderazgo y la autogestión. Incluso si decide que tener un negocio propio no es lo suyo, estas habilidades le serán útiles en cualquier ámbito de la vida.

Pregúntate:

Hoy mismo,

¿Por qué quiero emprender?

¿Qué problema o necesidad quiero atender?

¿Puedo enfrentar la incertidumbre y los retos que implica?

¿Qué fortalezas tengo? ¿Qué áreas debo fortalecer?

Recuerde: debe contestar estas preguntas con claridad y honestidad, son valores fundamentales con los que debe iniciar cualquier emprendimiento. Si no se te sientes preparado para contestarlas aún, te invito a seguir leyendo y regresar cuando tengas esa claridad.

Emprender importa. Si decide hacerlo, hágalo bien.

_____

_____

_____

_____

_____

_____

2

Identificando oportunidades de negocio

Cómo detectar ideas viables y evitar los errores más comunes.

Una de las preguntas que más escucho cuando hablo con personas que sueñan con emprender es: *"¿Y si no se me ocurre la idea perfecta?"*

Déjame decirte algo importante: la mayoría de los negocios exitosos no empezaron con una idea perfecta. Empezaron con una necesidad clara, con un problema no resuelto o con una oportunidad que alguien se atrevió a ver… y a trabajar. La perfección es un mito y no se puede avanzar tratando de alcanzar la perfección. La mejor forma de tener un natimuerto empresarial es querer controlar todo y tener expectativas imposibles.

La buena noticia es que las oportunidades de negocio no son producto de la suerte o de tener una iluminación repentina. Se pueden buscar, analizar y validar de forma estratégica.

Todo comienza contigo: tu perfil emprendedor

Antes de salir corriendo a buscar ideas, es clave mirar hacia adentro. Pregúntate:
¿Cuáles son mis fortalezas?
¿En qué temas tengo experiencia, talento o pasión?
¿Qué tipo de personas me gusta atender o ayudar?
¿Qué estilo de vida quiero lograr con este negocio?
¿Qué pudiera hacer todos los días de mi vida, hasta si no me pagaran? ¿Qué disfruto?

Un negocio alineado a tus intereses y habilidades no solo es más motivador, sino que aumenta tus probabilidades de éxito. Emprender no es solo cuestión de ideas, es cuestión de compatibilidad entre la persona y el proyecto.

Dónde buscar oportunidades

Las oportunidades no caen del cielo, pero están en todas partes. Aquí te dejo algunos lugares donde mirar:

Observa el mercado: Fíjate en qué productos o servicios usan las personas a tu alrededor. ¿Hay algo que les gustaría mejorar? ¿Faltan opciones en tu comunidad?

Identifica problemas: Los negocios más exitosos suelen resolver un problema real. Piensa en los dolores cotidianos de la gente y cómo podrías aliviarlos.

Sigue las tendencias: Los cambios en la tecnología, el medio ambiente o la sociedad generan nuevas necesidades. Mantente informado/a.

Mejora lo existente: No todo tiene que ser una idea revolucionaria. Muchas veces, simplemente mejorar un producto, hacerlo más accesible o adaptarlo a un nicho específico es suficiente para tener éxito.

Aplica creatividad: Herramientas como el método SCAMPER (Sustituir, Combinar, Adaptar, Modificar, Poner en otros usos, Eliminar, Reorganizar) te ayudan a generar ideas innovadoras o mejoradas.

Utilizar este método es cuestión de hacerse las siguientes preguntas:

¿Qué sucedería *si sustituimos* un elemento/ingrediente/pieza por otro?

¿Qué pasaría *si combinamos* X con Y?

¿Qué pasaría *si adaptáramos* esto de este lugar a otra región?

¿Qué otros resultados tendríamos *si modificamos* el producto/servicio que tenemos al frente?

¿Qué sucedería *si situamos* en otro uso este producto?

¿Qué pasaría *si elimináramos o reutilizáramos* algunos ingredientes/piezas de este proyecto?

¿Qué pasaría *si reorganizamos* el proceso?

¿Cómo saber si tu idea es buena?

Antes de enamorarte perdidamente de tu idea, hazte estas preguntas clave:

- ¿Resuelve un problema real?

- ¿Hay suficientes personas dispuestas a pagar por esa solución?
- ¿Ya existen soluciones similares? Si es así, ¿qué puedes hacer diferente o mejor?
- ¿Tienes los recursos, el tiempo y la motivación para trabajar en esto?

Recuerda, la idea no es tener el negocio más original del mundo. Es tener un negocio que funcione, que aporte valor y que puedas sostener.

Errores comunes al identificar oportunidades

! Emprender basado solo en modas, sin saber si el mercado lo necesita.

! Elegir un negocio que no se alinea con tus habilidades o estilo de vida.

! Asumir que todos son tus clientes ideales.

! No investigar a la competencia.

! No hacer investigación del tema.

! No pensar en el factor "diferenciación": ¿Por qué elegirían tu producto y no el del lado?

Pregúntate:
Hoy mismo,
Haz una lista de 5 problemas o necesidades que observes en tu entorno.
Piensa en al menos una solución para cada uno.

Elige las dos ideas que más se alineen contigo.

Investiga si ya existen negocios similares y qué puedes hacer diferente.

Recuerde: No te presiones. Identificar oportunidades es un proceso. Lo importante es observar, cuestionar y atreverte a pensar diferente. La gran idea rara vez aparece de golpe. Más bien, se construye, se prueba y se ajusta.

_____

_____

_____

_____

_____

_____

_____

_____

3

El producto mínimo viable

Prueba antes de invertirlo todo

Uno de los errores más costosos al emprender es invertir tiempo, dinero y energía en desarrollar un producto o servicio para luego descubrir que nadie lo quiere, no lo entiende o simplemente no lo necesita.

Créeme, he visto esa película demasiadas veces. Por eso, antes de lanzarte de lleno, es fundamental validar tu idea de negocio de forma simple, rápida y económica. Aquí es donde entra el concepto del *Producto Mínimo Viable*, mejor conocido como MVP (por sus siglas en inglés: Minimum Viable Product).

¿Qué es un MVP?

Un MVP es la versión más simple y funcional de tu producto o servicio que permite:

- Probar si hay interés real en el mercado.
- Obtener retroalimentación de clientes potenciales.
- Ahorrar recursos antes de hacer grandes inversiones.

No se trata de ofrecer algo de baja calidad o mal hecho, sino de enfocarte solo en lo esencial, en lo que resuelve el problema del cliente, dejando de lado adornos o funcionalidades secundarias.

Ejemplos sencillos de MVP

- Una página web con opción de pre-registro para medir el interés.
- Un prototipo funcional (aunque no sea el diseño final).

- Una versión inicial limitada de tu producto o servicio.
- Una encuesta o entrevista que valida el problema y la solución.
- Un taller o charla piloto para probar tu concepto.

La clave es *salir al mercado lo antes posible*, incluso si no tienes el negocio completo listo.

¿Por qué necesitas un MVP (aunque te dé miedo mostrar algo imperfecto)?

Sé que muchos emprendedores sienten vergüenza de presentar algo a *medio hacer*. Pero déjame decirte: es más caro y doloroso descubrir fallas después de haberlo apostado todo, que recibir críticas constructivas temprano en el proceso.

El MVP te permite:

- Validar si las personas realmente entienden y valoran tu propuesta.
- Ajustar y mejorar tu producto antes de invertir grandes cantidades.
- Ahorrar tiempo, dinero y frustraciones.
- Ganar confianza y entusiasmo al ver que tu idea puede funcionar.

Cómo crear tu propio MVP

Sigue estos pasos sencillos:

1. *Define el problema:* ¿Qué necesidad, problema o situación quieres resolver?

2. *Aclara tu propuesta de valor:* ¿Por qué alguien debería interesarse en tu solución?

3. *Elige las características mínimas:* Solo incluye lo esencial para probar tu idea.

4. *Construye el MVP:* Puede ser algo físico, digital o incluso un simulacro.

5. *Prueba con clientes*: Escucha sus opiniones, frustraciones y sugerencias.

6. *Mejora tu propuesta:* Ajusta antes de invertir más recursos.

Errores comunes al desarrollar un MVP

! Querer incluir demasiadas funciones desde el inicio.

! Saltarte la etapa de prueba y validación.

! No escuchar las críticas o ignorar las señales del mercado.

! No tener claro qué quieres validar exactamente.

! No medir resultados ni recopilar datos útiles.

Pregúntate:

Hoy mismo,
¿Cómo puedo diseñar una versión básica de mi producto o servicio?
¿Qué necesito probar antes de seguir invirtiendo?
¿Con quién puedo compartir mi MVP para obtener retroalimentación honesta?

Recuerde: el MVP no es el fin, es el primer paso para construir algo que funcione y tenga sentido para tus clientes.

Emprender sin validar es como lanzarte al mar sin saber nadar. Mejor, prueba primero… y luego, cuando sea el momento, lánzate.

4

Conociendo a tu cliente

Descubrimiento, segmentación y validación del mercado

Uno de los mayores errores que cometen los emprendedores es pensar que su producto o servicio es para todo el mundo. Te lo digo de entrada: si tu negocio es para todo el mundo, en realidad no es para nadie.

Conocer a tu cliente no es un lujo ni una tarea opcional. Es un paso fundamental que puede determinar el éxito o el fracaso de tu proyecto. Solo entendiendo a quién quieres servir, podrás crear algo que realmente tenga impacto y ventas.

¿Qué significa descubrir a tu cliente?

No se trata solo de imaginar a quién le gustaría tu idea. Se trata de salir al mercado, escuchar, observar y validar:

¿Quiénes son tus clientes potenciales?
¿Qué problemas, deseos o frustraciones tienen?
¿Qué soluciones usan actualmente y qué no les funciona?
¿Cómo se comportan? ¿Qué compran? ¿Qué buscan?

Descubrir a tu cliente es investigar antes de construir, validar antes de invertir, entender antes de vender.

La importancia del cliente ideal

No todas las personas tienen las mismas necesidades. No todos van a valorar tu propuesta, y está bien. Tu misión es identificar a tu cliente ideal, ese perfil que:

- Tiene el problema o necesidad que tú resuelves.
- Está dispuesto/a a pagar por una solución.

- Valora lo que ofreces y se identifica con tu propuesta.

En mercadeo, a esto también se le llama *Buyer Persona*, un perfil ficticio basado en datos y observaciones del mercado que te ayuda a visualizar a quién le hablas.

Cómo segmentar tu mercado

Segmentar es *dividir el mercado en grupos más pequeños y específicos*, con características en común. Así, puedes enfocar mejor tus esfuerzos y recursos.

Los tipos más comunes de segmentación son:

Geográfica: país, ciudad, zona rural o urbana.
Demográfica: edad, género, nivel socioeconómico, educación.
Psicográfica: estilo de vida, valores, intereses, personalidad.
Comportamiento: hábitos de compra, lealtad a marcas, uso del producto.

Ejemplo simple: No es lo mismo vender ropa deportiva para mujeres, que vender ropa deportiva para mujeres de 25 a 35 años, que viven en ciudades, valoran la comodidad y siguen tendencias de vida saludable.

Cuanto más específico sea tu enfoque, más efectivo será tu negocio.

Validación: sal del edificio

Un concepto popular en el mundo emprendedor es *salir a la calle y hablar con personas.*

Para validar tu mercado puedes:

- Hacer entrevistas a clientes potenciales.
- Realizar encuestas simples.
- Observar comportamientos de consumo.
- Probar tu producto con un grupo reducido.
- Analizar a la competencia.

Este proceso te dará información valiosa que ningún curso o taller te puede garantizar: datos reales de personas.

Errores comunes al conocer a tu cliente

! Asumir que ya sabes todo sin investigar.

! Creer que todos son tu público.

! No validar si el problema que quieres resolver es realmente prioritario para las personas.

! Ignorar la competencia y lo que ya existe en el mercado.

! No adaptar tu oferta a lo que descubres.

Pregúntate:
Hoy mismo,
¿Quién es tu cliente ideal? Descríbelo lo más detallado posible.
¿Cómo vas a validar si existe ese cliente y si tiene el problema que tú resuelves?
¿Estás dispuesto/a a ajustar tu idea si el mercado te dice algo diferente?

Recuerda: el mercado no siempre se adapta a ti. Tú debes adaptarte al mercado. Conocer a tu cliente es el primer paso para construir un negocio real, sostenible y con impacto.

5

Tu modelo de negocio

Construyendo con estrategia

Tienes una idea clara. ¿Sabes a quién quieres servir? Tal vez ya incluso probaste un prototipo o hablaste con posibles clientes. Entonces llega la pregunta inevitable:

¿Y cómo se supone que todo esto funcione como negocio?

Aquí entra en juego una herramienta poderosa y sencilla: el **Modelo de Negocio**, y más específicamente, el **Business Model Canvas** (BMC), o Lienzo de Modelo de Negocio. Hay herramientas que se formaron en el idioma inglés, y la gente en la industria de servicios – independientemente del idioma que utilizan al hablar – las llama por su nombre original.

¿Qué es el Business Model Canvas (BMC)?

Es un mapa visual que te permite ver en una sola página cómo va a funcionar tu negocio.
¿Quién es tu cliente?
¿Qué le estás ofreciendo?
¿Cómo lo haces llegar?
¿Con qué recursos?
¿Cómo ganas dinero?
¿Cuánto te cuesta?

Todo eso, resumido en 9 bloques que te ayudan a tomar decisiones estratégicas sin perderte en decenas de páginas de un plan formal.

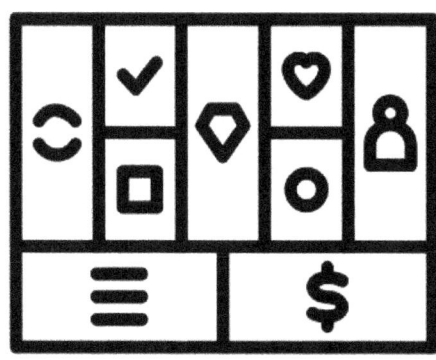

Los 9 bloques del BMC

🔒 1. **Segmentos de Clientes**
¿Quiénes son tus clientes principales? ¿A quiénes vas a servir?

📍 2. **Propuesta de Valor**
¿Qué problema resuelves o qué necesidad atiendes? ¿Por qué alguien debería comprarte a ti y no a otro?

⭕ 3. **Canales**
¿Cómo harás llegar tu producto o servicio al cliente? (Ej. tienda física, en una página web, redes sociales, mensajería).

♥ 4. **Relaciones con Clientes**
¿Cómo vas a conectar, comunicarte y cuidar esa relación con tu cliente? (Ej. servicio personalizado, automatizado, comunidad).

💲 5. **Fuentes de Ingreso**
¿Cómo gana dinero tu negocio? (Ventas directas, suscripciones, membresías, comisiones, etc.)

✔ 6. **Recursos Clave**
¿Qué necesitas para operar? (equipo, espacio, plataforma, insumos, talento humano).

◻ 7. **Actividades Clave**
¿Cuáles son las tareas más importantes para que tu negocio funcione? (producción, marketing, servicio al cliente).

- **8. Socios o Aliados Clave**
  ¿Quiénes te ayudan o se asocian contigo para operar? (suplidores, aliados, distribuidores, colaboradores estratégicos).

- **9. Estructura de Costos**
  ¿Cuáles son los gastos más importantes? ¿Qué necesitas cubrir sí o sí cada mes?

¿Por qué esta herramienta es tan útil?

- Es visual y concreta: te da una visión panorámica de tu negocio.
- Te obliga a pensar en todos los aspectos esenciales.
- Es flexible: puedes ajustar, probar, modificar fácilmente.
- Sirve como guía para armar tu plan de negocios o presentar a inversionistas.

Y lo mejor: *no necesitas ser experto en finanzas ni tener experiencia previa.* Solo necesitas claridad, honestidad y disposición para organizar tus ideas con lógica.

Consejos para completar tu modelo de negocio

- Comienza por tu propuesta de valor y cliente ideal.

- No lo hagas solo/a: discútelo con alguien, busca retroalimentación.
- Usa pegatinas, pizarras o herramientas digitales (como Canva o Strategyzer).
- Revísalo cada vez que valides algo nuevo en el mercado.
- No busques perfección: busca claridad y coherencia.

Después del BMC, ¿qué hago?

Una vez tengas tu modelo de negocio en una hoja, puedes:

- Preparar tu presentación
- Construir tu plan financiero.
- Visualizar tu crecimiento.
- Tomar mejores decisiones (¡y con menos miedo!).

Pregúntate:
Hoy mismo,

¿Qué problema resuelves con tu producto o servicio?
¿A quién le sirve realmente?
¿Cómo vas a ganar dinero? ¿Cuánto necesitarías en ventas para que tu negocio funcione?
¿Qué recursos necesitas desde el día UNO?
¿Qué gastos debes cubrir para mantenerte a flote?

Recuerda: muchos negocios fallan por falta de estrategia, no por falta de pasión. El Canva te da la estructura que complementa tu energía emprendedora.

Haz tu Canva. Pégalo donde constantemente lo veas. Revísalo. Ajústalo. Ese lienzo puede ser el mapa que convierta tu idea en una empresa sostenible.

6

Finanzas y proyecciones para emprender con sentido

Lo básico que necesitas saber para no perderte en los números

Hablemos claro: muchas personas emprenden con una gran idea, con pasión, con talento... pero sin entender los números o las finanzas. Eso puede ser mortal para un negocio.

No necesitas ser contador o contadora para emprender. Pero sí *necesitas dominar lo esencial*: saber cuánto necesitas vender para sobrevivir, cuánto te cuesta operar y sí tu negocio tiene potencial de crecer.

Este capítulo no es para convertirte en experto/a en Excel. Es para darte herramientas prácticas que te ayuden a tomar decisiones financieras con intención, sin miedo ni improvisación.

¿Qué son las proyecciones financieras y para qué sirven?

Las proyecciones financieras son una *mirada al futuro de tu negocio.* Son estimaciones (realistas, no mágicas) de tus ingresos, gastos y ganancias a lo largo del tiempo.

Sirven para:

- Ver si tu idea es rentable.
- Calcular cuánto necesitas vender para cubrir tus costos.
- Planificar tu crecimiento.
- Estar preparado/a para buscar financiamiento.
- Dormir más tranquilo/a.

Tres documentos financieros clave (que necesitas entender)

1. **Estado de Ingresos y Gastos**
   Muestra lo que ganas (ingresos) menos lo que gastas (costos y gastos operacionales). ¿Estás en pérdida o en ganancia? ¿Tienes un negocio o un pasatiempo costoso?

2. **Flujo de Efectivo (Cash Flow)**
   Muestra cómo entra y sale el dinero mes a mes. Puedes tener ganancias en papel... y aun así quedarte sin efectivo para operar. Debes tener un salario. ¡Ojo aquí!

3. **Balance General o Estado de Situación**
   Muestra lo que tienes (activos), lo que debes (pasivos) y tu capital. Es más útil cuando ya llevas un tiempo operando.

Elementos básicos de tus proyecciones

- *Ingresos esperados:* ¿Qué vendes? ¿A qué precio? ¿A cuántas personas al mes?
- *Costos directos:* Lo que te cuesta producir o entregar tu producto/servicio (materia prima, empaque, transportación, etc.).

- *Gastos operacionales:* Renta, luz, internet, publicidad, herramientas digitales, servicios profesionales.
- *Punto de equilibrio:* ¿Cuánto tienes que vender para no perder dinero?
- *Ganancia esperada:* Lo que queda después de cubrir todos tus costos y gastos.

Ejemplo simple de análisis de costos

Tienes un negocio de empanadas artesanales.

- Costo por empanada (lista de ingredientes, empaque): $2
- Precio de venta: $5 cada uno
- Ganancia por empanada se calcula: $5 - $2 = $3
- Gastos mensuales fijos: $600 (gasolina gastada para ir a la tienda, renta, luz, redes, etc.)
- Salario (tienes que analizar tu tiempo en todo lo que haces para el negocio, contestar el teléfono, mensajes, redes sociales, ir a hacer compra, ir a citas de consultoría o reuniones)

Para cubrir tus gastos fijos necesitas vender al menos 240 empanadas al mes (porque 240 x $3 de ganancia = $720).

Ese es tu punto de equilibrio. Todo lo que vendas por encima de eso, es tu ganancia neta.

Errores financieros comunes al emprender

! No separar finanzas del negocio de las personales.

! No tener presupuesto mensual.

! Subestimar gastos o sobreestimar ventas.

! No llevar un registro de ingresos y egresos.

! Emprender sin saber cuánto necesitas ganar para sobrevivir.

Herramientas simples que puedes usar

- Hojas de cálculo digitales (ej. Excel o Google Sheets)
- Apps como Wave, QuickBooks, o hasta Notion

No dejes que el miedo a los números te frene. Aprende lo básico y busca ayuda si la necesitas. Pero nunca te desconectes de las finanzas de tu negocio. Nadie va a cuidar tu dinero como tú.

Pregúntate:

Hoy mismo,

¿Sabes cuánto necesitas vender cada mes para no perder dinero?

¿Ya estimaste tus costos fijos y variables?

¿Tienes proyecciones para los próximos 12 meses, aunque sean simples? Lo mejor es a tres años.
¿Tienes claridad sobre tus precios y márgenes?

Hazte estas preguntas. Esto es preparación esencial para tu negocio. Porque cuando tienes control financiero, puedes tomar mejores decisiones, crecer con estrategia y evitar el estrés constante.

Recuerda: un negocio sin números es como manejar con los ojos cerrados.

7

Mercadeo práctico

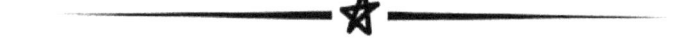

Cómo llegar, resonar y vender sin enloquecer

Mercadeo no es solo hacer publicidad. Tampoco es tener un logo bonito o estar en todas las redes sociales a la vez. Mercadeo es *hacer que la gente correcta te encuentre y te elija*. Sí, puede hacerse con recursos limitados, si sabes cómo. Este capítulo te ayuda a organizar tu estrategia de promoción sin perderte en tecnicismos ni gastar más de lo que tienes.

¿Qué es mercadeo, en palabras sencillas?

Es el puente entre tu producto/servicio y tu cliente ideal. Es como haces que te conozcan, que confíen en ti, que compren y vuelvan.

Implica:

- Entender a tu cliente.
- Saber cómo y dónde hablarle.
- Diseñar mensajes claros y atractivos.
- Promocionar con intención, no por impulso.

Las 5 P's del mercadeo (tu base estratégica)

1. *Producto:* ¿Qué ofreces y qué problema o necesidad resuelve?
2. *Posicionamiento:* ¿Cómo quieres que te perciban?
3. *Precio:* ¿Cuánto cuesta y por qué vale eso?
4. *Plaza* (Distribución): ¿Dónde y cómo lo vendes?
5. *Promoción:* ¿Cómo lo das a conocer?

Todas deben estar alineadas. Por ejemplo, si vendes un producto costoso, no puedes usar un empaque descuidado ni una promoción confusa. Todo comunica.

Estrategias de promoción con recursos limitados

No necesitas mucho dinero para promocionar tu negocio. Solo necesitas creatividad, consistencia y estrategia. Aquí van algunas ideas efectivas:

- Tarjetas o postales simples pero memorables.
- Rótulos, imanes o pegatinas en tu carro o empaque.
- Camisas, sacos de compra, o libretas con tu marca.
- Talleres gratuitos o charlas educativas.
- Programas de referidos o descuentos por recomendación.
- Participación en ferias, eventos locales o espacios comunitarios.
- Testimonios de clientes satisfechos.
- Mensajes por WhatsApp o correo bien pensados.

Lo importante no es estar en todos lados, sino *estar donde tu cliente está.*

¿Qué promoción funciona mejor?

Depende de tu cliente. Por eso es tan importante conocerlo.

Ejemplos:

- Si vendes a jóvenes visuales y digitales, Instagram o TikTok puede ser tu canal.
- Si trabajas con profesionales o negocios, quizás LinkedIn y correos con contenido útil sean más efectivos.
- Si vendes localmente, quizás opúsculos, rótulos y socializar en actividades funcionen mejor.

No copies lo que otros hacen a menos que sea algo normalizado. Diseña tu propia fórmula.

El poder del seguimiento

Mucha gente promociona, pero pocos hacen seguimiento. Ahí está el tesoro, pero recuerda ser genuino. No des seguimiento si no lo sientes.

- Llama a ese cliente que preguntó, pero no compró.
- Envía un correo de agradecimiento tras una venta.
- Pregunta cómo le fue con tu producto o servicio.
- Hazle sentir que te importa, más allá de venderle.
- Dale un regalito o cariñito.

El seguimiento convierte compradores en aficionados y la lealtad trae más ventas.

Errores comunes al promocionar

! Hacer promociones sin estrategia ni objetivos.

! No tener un mensaje claro: la gente no entiende lo que vendes o que acción deben tomar.

! Prometer mucho y no cumplir. La integridad es clave para un empresario.

! Usar el mismo contenido en todas las plataformas sin adaptarlo.

! Desaparecer después de la primera venta.

Pregúntate:
Hoy mismo,

¿Dónde están tus clientes y cómo puedes llegar a ellos sin gastar mucho tiempo y dinero?
¿Qué historia estás contando con tu promoción, empaque y presencia, tu marca?
¿Tienes un mensaje claro, con un llamado a la acción?
¿Tienes un plan mensual de promoción, aunque sea simple?

Recuerda: mercadeo no es una acción única. Es un proceso constante y consistente. Dedica tiempo a esta

parte. Porque por muy bueno que sea tu producto...
si nadie lo conoce, nadie lo comprará.

8

Mundo digital: tu presencia online

Herramientas esenciales para crecer y conectar

Hoy en día, si no estás en las redes sociales y el internet, es como si no existieras. Estar por estar no basta. Necesitas tener una *presencia digital estratégica*, coherente con tu marca, útil para tu cliente y alineada con tus objetivos.

No importa si vendes empanadas, asesoría legal o productos ecológicos. Lo digital *no es opcional:* es una parte esencial del negocio.

Lo mejor: no necesitas ser experto/a en tecnología ni tener grandes presupuestos. Solo necesitas entender lo básico y actuar con intención.

¿Qué es la presencia digital?

Es todo lo que aparece sobre ti y tu negocio en internet:

- Tu página web (si tienes una)
- Tus redes sociales
- Tu perfil de Google
- Tus correos electrónicos
- Tus enlaces en WhatsApp
- Lo que otros publican o comparten de ti

Tu presencia digital es como tu carta de presentación en línea. Y la primera impresión… convence.

Claves para una buena presencia digital

- Coherencia visual y mensaje claro: usa los mismos colores, logo y tono en todas tus plataformas.
- Información clara y actualizada: ¿Qué ofreces? ¿Cómo te contacto? ¿Dónde te consigo?
- Facilidad de navegación: si tienes una página web, que sea clara y funcional.
- Contenido que conecta: no todo debe ser venta. Aporta valor, enseña, entretén.

- Enlaces bien ubicados: ten un enlace directo para pedir más información, comprar o contactarte.

Redes sociales: no es estar en todas, es estar donde debes estar

CADA RED TIENE SU ESTILO Y PROPÓSITO

Facebook: comunidad, cercanía, eventos, servicio al cliente.

Instagram: imagen de marca, inspiración visual, catálogo de productos.

TikTok: creatividad, humor, narración breve.

LinkedIn: profesionalismo, colaboraciones, socialización, reputación.

WhatsApp Business: atención directa, catálogo, seguimiento personalizado.

No te abrumes tratando de dominarlas todas. Elige 1 ó 2 donde esté tu cliente ideal y hazlas bien.

¿Necesito una página web?

Depende. Pero en general, sí.

Tener una página web:

- Da confianza.
- Centraliza tu información.

- Permite vender en línea, agendar servicios o recopilar contactos.
- Te hace más fácil de aparecer en Google.

Si estás empezando, puedes usar herramientas como *Wix, WordPress, Shopify o Strikingly*. Muchas ofrecen plantillas gratis o económicas.

¿Lo importante? Que esté clara, sea tuya, y se mantenga actualizada.

Errores comunes en el mundo digital

! Abrir redes sin tener estrategia ni contenido.

! Copiar lo que hacen otros sin adaptarlo a tu cliente.

! Publicar sin consistencia.

! No responder mensajes o comentarios.

! No tener llamado a la acción ("¿y ahora qué hago con esta información?").

Tu presencia en línea debe *trabajar para ti*, no solo ser decorativa.

Tipos de contenido que generan conexión con los posibles clientes:

- *Informativo*: ideas, consejos, explicaciones, tutoriales.
- *Promocional:* ofertas, lanzamientos, testimonios.
- *Motivacional:* frases, historias personales, valores.
- *Entretenimiento:* humor, detrás de cámaras, contenido ligero.

Elige una mezcla que se sienta auténtica y que hable directamente a tu audiencia.

Pregúntate:

Hoy mismo,

¿Qué dice Google cuando buscas tu nombre o tu negocio?
¿Tu perfil de redes refleja lo que haces hoy?
¿Tienes canales de comunicación activos y claros?
¿Estás midiendo qué tipo de contenido genera más interacción?

Recuerda: Invertir en tu presencia digital *no es un lujo. Es una inversión clave para tu visibilidad, credibilidad y crecimiento.*

9

Permisos, estructura legal y formalización

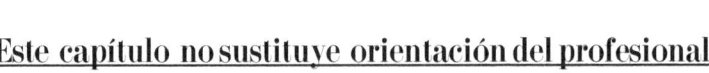

Este capítulo no sustituye orientación del profesional adecuado, es basado en una experiencia profesional.

Lo que necesitas para operar

Muchas personas inician su negocio informalmente pensando que se van a ahorrar tiempo o dinero. Lo que no saben es que esa informalidad puede salirles carísima más adelante: multas, pérdida de oportunidades, o incluso el cierre del negocio.

La buena noticia es que formalizar tu negocio *no tiene por qué ser complicado* si sabes por dónde empezar y entiendes lo básico.

¿Por qué es importante formalizar tu negocio?

- Puedes operar con tranquilidad y sin miedo a inspecciones.
- Accedes a fondos, préstamos y programas de apoyo.
- Inspiras más confianza a clientes y aliados.
- Separas tu identidad personal de la del negocio ¡protección legal!
- Estás listo/a para crecer con estructura.

Formalizarte es pasar de *emprender por instinto* a *emprender con intención*.

Formas legales para organizar tu negocio

1. **Persona natural / Nombre comercial ("Doing Business As" o similar)**
    - Es cuando una persona opera bajo un nombre distinto al suyo.
    - Es fácil y rápido de registrar, pero no crea una separación legal: el dueño y el negocio son lo mismo.
    - Se utiliza para negocios pequeños o cuando se quiere comenzar de manera sencilla.

2. **Sociedad**
    - Acuerdo entre dos o más personas para operar un negocio.

- Puede ser simple (todos responden por igual) o limitada (algunos socios solo aportan capital o tiempo).
- No siempre protege el patrimonio personal, pero permite compartir responsabilidades.

3. **Corporación o Compañía de Responsabilidad Limitada (Inc., LLC, S.A., S.R.L., etc.)**
    - Tiene personalidad jurídica, es una persona ficticia.
    - Separan tus bienes personales del negocio.
    - Requieren más documentos, estatutos y registros estates y fiscales, pero protegen tus bienes en caso de deudas o acciones legales contra el negocio.
    - Son ideales si piensas crecer, contratar empleados o buscar inversión.

4. **Organización sin fines de lucro (ONG, asociación civil, fundación, etc.)**
    - Para proyectos sociales, educativos o comunitarios.
    - No reparten ganancias entre dueños o socios, pero pueden recibir donaciones y solicitar exenciones de impuestos.

5. Cooperativa
   - Propiedad compartida entre socios que también son usuarios del servicio.
   - Se basa en la democracia (un voto por socio) y la colaboración.
   - Ideal para modelos de economía solidaria o proyectos comunitarios.

Nota:

No existe una única respuesta correcta. La mejor forma legal dependerá de tu visión, nivel de riesgo y planes de crecimiento. Siempre consulta con un profesional autorizado por las opciones específicas de tu país o estado, ya que los nombres y requisitos varían.

Permisos y licencias que podrías necesitar

Aunque varían según el país, algunos trámites comunes incluyen:

- **Registro Fiscal o Tributario**
  - Obligatorio para poder facturar y pagar impuestos.
  - Ejemplos: Registro Federal de Contribuyente en México, Registro Único de Contribuyente en Perú, Número de Identificación Tributaria en Colombia,

EIN (Employee Identification Number) en EE.UU. y Puerto Rico, Registro de Comerciante en Puerto Rico.

- **Licencia o Permiso Municipal/Local**
    - Permiso de operación expedido por el Municipio o Alcaldía.
    - Suele depender de la actividad (restaurante, tienda, oficina, servicio).
- **Zonificación / Uso de Suelo**
    - Certifica que tu local es apto para el tipo de negocio que vas a operar.
    - Importante si trabajas desde casa o planificas abrir un local físico.
- **Permisos Sanitarios o Seguridad**
    - Aplica para negocios que manejan alimentos, salud o productos regulados.
    - Puede requerir inspecciones de salubridad, entre otros, etc.
- **Registro de marca (opcional pero recomendable)**
    - Protege tu nombre, logo o eslogan.
    - Se puede registrar en la Oficina Nacional de Marcas y, si deseas, a Nivel Internacional (ej. USPTO en EE.UU. o mediante la OMPI).

- Permisos especiales
    - Para actividades específicas como transporte, importación/exportación, venta ambulante, espectáculos, entre otros.

Nota:

<u>Antes de iniciar, infórmate en la Cámara de Comercio, Ministerio de Economía o Secretaría de Hacienda de tu país, suelen ofrecer guías claras para emprendedores.</u>

Contratos básicos que debes considerar:

- **Contrato de servicios o ventas:** define términos, pagos, garantías de los servicios o ventas.

- **Contrato de empleados o contratistas:** define la relación patronal, protege ambas partes.

- **Manual de empleados:** define las reglas del trabajo, establece reglas claras para los empleados, horarios, cultura del negocio. Esto ayuda a tener mejor manejo de los empleados.

- **Políticas de devoluciones, privacidad, etc.:** define los procesos del negocio, es esencial saber como se manejan las situaciones que pasaran en el negocio, especialmente si vendes en línea.

Tener contratos, manuales y políticas por escrito *es proteger tu negocio y tu reputación.*

Errores comunes al formalizar un negocio

! Empezar a vender sin registrarte.

! Elegir una estructura legal sin entender sus implicaciones.

! No separar tus finanzas personales del negocio.

! No llevar un control de permisos y fechas de renovación.

! No buscar orientación profesional.

Pregúntate:
Hoy mismo,

¿Bajo qué figura legal estás operando (o quieres operar)?
¿Ya tienes tu documentación legal?
¿Has pensado en proteger tu nombre o marca?
¿Tienes contratos o documentos que te respalden si algo sale mal?

Recuerda: formalizarte no es un obstáculo. Es una señal de que estás construyendo algo serio y sostenible. *Emprender con estructura y formalidad es darte permiso para crecer.*

10

Recursos Humanos y Cultura de Equipo

Más allá de empleados: construyendo desde el día uno

Al principio, muchos emprendedores lo hacen todo solos: crean, venden, atienden, cobran, publican en redes, limpian...¡todo! Llega un punto en que, si realmente quieres crecer, *vas a necesitar ayuda*. Ahí comienza una nueva etapa: aprender a liderar, delegar y construir una cultura que refleje tus valores.

Este capítulo no es solo para negocios con muchos empleados. Es para ti que tal vez estás por contratar a alguien por primera vez, subcontratar servicios, o formar tu primer equipo de colaboradores.

¿Por qué importa el Recurso Humano en tu negocio?

Tu negocio puede tener un buen producto, una gran estrategia y un plan perfecto... pero si no tienes un equipo alineado, comprometido y bien manejado, tarde o temprano vas a tropezar.

Contratar no es solo llenar una vacante. Es sumar a alguien a tu visión.

Antes de contratar: ten esto claro

¿Qué necesitas delegar?
¿Cuánto puedes pagar y cómo lo vas a sostener?
¿Qué tipo de relación quieres establecer? (empleado vs. contratista)
¿Qué valores son innegociables para ti como líder?

Todo esto define no solo *a quién contratas, sino cómo lo haces.*

Tipos de contratación básicos

Empleado/a:

- Recibe salario, acumula licencias, está protegido por Leyes Laborales.
- Necesitas cumplir con retenciones, seguros, manuales, etc.

Servicios Profesionales / Contratistas Independientes:

- Trabajan por tarea o proyecto.
- No están cubiertos por beneficios laborales ni tienen relación patronal formal.
- Asegúrate de tener un *contrato claro* y evitar indicios de empleado.

Documentos importantes al contratar

- Identificaciones Legales y si es necesario permisos de trabajo.
- Contrato de empleo o servicios.
- Descripción de puesto clara con las funciones, horarios y expectativas.
- Formularios requeridos por Ley con la visibilidad que imponen.
- Manual del Empleado y/o Código de Conducta.
- Políticas sobre horarios, licencias, vacaciones, pago, uso de equipo.
- Recibo de entrega de reglamento interno.

Tener todo por escrito *evita malentendidos y protege a ambas partes.* Es importante que revises en tu país las Leyes Laborales.

Cultura organizacional: empieza desde el primer día

Aunque tu negocio sea pequeño, tú ya estás creando una cultura. Cada decisión que tomas, cada mensaje que envías, cada relación que formas... todo comunica.

Piensa:
¿Cómo quieres que se sienta trabajar contigo?
¿Qué valores son centrales para tu marca?
¿Cómo se resuelven conflictos en tu negocio?
¿Cómo reconoces y motivas al talento?

Cultura no es tener una oficina bonita. Es como se comporta y se siente tu equipo.

Errores comunes al manejar personal
! Contratar por urgencia y no por alineación de valores.

! No tener documentos ni reglas claras.

! Querer controlar todo y no delegar.

! Evitar conversaciones difíciles.

! Tratar igual a empleados y contratistas sin entender la diferencia legal.

Liderar también se aprende. Y mientras más rápido integres un equipo de trabajo a tu negocio, aprendas a delegar y construir una cultura organizacional, más saludable será tu negocio a largo plazo.

Pregúntate:
Hoy mismo,

¿Cuáles tareas o áreas puedes o debes delegar?
¿Ya tienes un contrato para empleados o contratistas?
¿Qué valores y estilo de trabajo quieres fomentar?
¿Cómo puedes empezar a construir un ambiente saludable y productivo?

Recuerda: un buen equipo no se construye solo con talento. *Se construye con claridad, respeto y liderazgo consciente.*

11

Contabilidad y Cumplimiento Contributivo

Cuando escuchamos la palabra contabilidad, muchos pensamos en números complicados, en planillas contributivas que dan miedo o en tareas que preferimos evitar. Pero si estás emprendiendo, *no puedes darte ese lujo.*

La contabilidad no es solo para cumplir con las Responsabilidades Contributivas. Es la herramienta que te permite entender cómo va tu negocio, tomar decisiones con datos reales y evitar problemas legales o fiscales.

La buena noticia: no necesitas ser contador/a. Solo necesitas entender lo básico y crear buenos hábitos desde el principio. Además de contratar un buen contador/a.

¿Qué es la contabilidad y por qué importa?

La contabilidad es *el lenguaje y control financiero de tu negocio.* Es como registras, ordenas y analizas todo lo que entra y sale de tu negocio: dinero, productos, deudas, inversiones, pagos, etc.

Llevarla al día te ayuda a:
✔ Saber si estás ganando o perdiendo dinero.
✔ Calcular impuestos correctamente.
✔ Solicitar préstamos o subvenciones con documentación sólida.
✔ Tomar decisiones basadas en datos, no en corazonadas.
✔ Mantener la paz mental ¡sí, eso también cuenta!

Términos contables básicos, sin miedo

Activo: Lo que tu negocio posee (dinero, inventario, maquinaria).
Pasivo: Lo que tu negocio debe (deudas, préstamos, cuentas por pagar).
Capital: Lo que tú (o los socios) han invertido en el negocio.
Ingreso: Todo el dinero que entra por ventas u otros

conceptos.

Gasto: Dinero que sale para operar el negocio (renta, gas, luz, publicidad, etc).

Costo: Lo que cuesta directamente producir o entregar tu producto/servicio.

Estados financieros que necesitas conocer

1. **Estado de Resultados:** muestra tus ingresos, costos y gastos. Te dice si estás generando ganancias o pérdidas.

2. **Balance General:** muestra lo que tienes (activos), lo que debes (pasivos) y lo que realmente es tuyo (capital).

3. **Estado de Flujo de Efectivo:** muestra cuándo y cómo entra y sale el dinero. Evita que te quedes sin efectivo aunque tengas ventas.

No necesitas hacerlos tú mismo/a, pero *sí debes entenderlos* y protegerlos.

<u>*Separar finanzas del negocio y personales debe ser Regla de Oro en tu operación.*</u>

Estos son los errores más comunes y más peligrosos

⚠ Usar la misma cuenta para gastos del negocio y personales.

⚠ Pagar gasolina en tu tiempo personal con dinero

del negocio, o comprar inventario con la tarjeta personal.

! No saber cuánto ganas ¡o pierdes!

La solución:

- Abre una cuenta bancaria separada para tu negocio.
- Lleva registro de TODO ingreso y gasto.
- Usa una hoja de Excel, una libreta o una aplicación.
- Págate un sueldo si el negocio lo permite, aunque sea simbólico al principio.

Herramientas para organizar tus finanzas

Excel o Google Sheets (gratis, flexibles).

Aplicaciones como QuickBooks, Wave o Zoho Accounting

Herramientas Inteligencia Artificial o plantillas que encontrarás en los recursos del libro.

No importa la herramienta. Lo que importa es que la uses *con disciplina y consistencia.*

Errores comunes al llevar la contabilidad

! No guardar recibos ni evidencia de gastos.

! Esperar hasta abril para organizar los números.

! Depender completamente de un contador, sin

entender lo básico.

⚠ Confundir ingresos con ganancias.

⚠ No separar dinero para impuestos.

Tu contador puede ayudarte. Pero *tú eres responsable de entender tu negocio.*

Pregúntate:
Hoy mismo,

¿Llevas un registro actualizado de tus ingresos y gastos?
¿Tienes separadas tus cuentas del negocio y personales?

¿Conoces tus gastos fijos y tu punto de equilibrio?
¿Sabes cuánto debes guardar para impuestos cada mes?
¿Estás listo/a para presentar evidencia si una Agencia Fiscal te lo pide?

Recuerda: *Entender tu contabilidad es uno de los actos más poderosos que puedes hacer como emprendedor/a.*

12

Obligaciones Fiscales y Herramientas Digitales

Cómo mantener tu negocio al día sin perder la cabeza

Lo sé. Solo leer la palabra impuestos, da dolor de cabeza. Pero evitar el tema no lo hace desaparecer. De hecho, lo complica.

Como emprendedor/a, tienes responsabilidades contributivas que debes cumplir, y más vale entenderlas desde el principio, a enfrentarlas después con miedo o deudas.

La buena noticia: puedes organizarte, cumplir y dormir tranquilo/a si entiendes lo esencial y usas herramientas que te faciliten la vida.

¿Qué son las Obligaciones Fiscales de un negocio?

Son todos los pagos, informes y registros que debes hacer al gobierno para operar legalmente. Incluyen impuestos sobre tus ventas, tus ingresos y tus operaciones.

Aunque cada país tiene sus propias reglas, en general debes considerar:

1. **Registro Fiscal o Tributario**
   - Es el punto de partida para operar legalmente y poder facturar.
   - Ejemplos: RFC (México), RUC (Perú), NIT (Colombia), EIN (EE.UU.).

2. **Impuesto sobre Ventas o Consumo**
   - Similar al IVA/IGV/ITBMS/ISV/IVU según el país.
   - Si tus productos o servicios están sujetos a estos impuestos, debes *cobrarlo, reportarlo y pagarlo* al Gobierno.

3. Declaración de Ingresos
   - Reporta cuánto ganaste y cuánto debes pagar en impuestos sobre tus utilidades.
   - Puede ser anual, trimestral o mensual según la legislación.
   - Aplica tanto a personas naturales con negocio propio, a sociedades y corporaciones.

4. Impuestos Municipales o Locales
   - Algunas ciudades o municipios cobran impuestos adicionales por operar un negocio en su jurisdicción.
   - Puede ser una tasa fija o basada en tus ventas anuales.

5. Impuestos sobre Propiedad o Activos
   - En ciertos países se pagan impuestos por el uso de bienes muebles o inmuebles en tu negocio (equipos, locales, terrenos).

6. Retenciones e Informes
   - Si contratas a empleados o proveedores de servicios, muchas veces debes *retener un porcentaje de impuestos y reportarlo.*
   - Esto aplica, por ejemplo, cuando trabajas con diseñadores, consultores o contratistas.

Calendario Fiscal Básico que debes conocer

Cada país tiene sus propias fechas clave, pero como regla general:

- Declaración anual de ingresos: entre marzo y abril.
- Declaración mensual/trimestral de IVA/IVU/ventas: cada mes o trimestre.
- Declaraciones locales o municipales: varían según la ciudad.
- Informes de pagos a terceros (retenciones): normalmente en enero o al cierre fiscal.

Errores comunes que debes evitar

! No registrarte a tiempo en el Sistema Fiscal de tu país.

! No separar el dinero de los impuestos (el IVA/IVU/ventas que cobras no es tuyo).

! Dejar todo para última hora las multas suelen ser altas y pueden incurrir en un delito criminal.

! No reportar pagos a contratistas o proveedores.

! Pensar que porque tu negocio es pequeño no tienes que reportar.

Pregúntate:
Hoy mismo,

¿Ya tienes tu Registro Tributario activo (RFC, RUC, NIT, EIN, etc.)?
¿Sabes si tu negocio debe cobrar IVA/IVU u otro impuesto sobre ventas?
¿Tienes un calendario fiscal con fechas clave?
¿Guardas recibos, facturas y evidencia de gastos?
¿Has considerado consultar a un experto para una revisión anual?

Recuerda: aunque trabajes con un contador, *tú eres responsable de lo que se presenta a tu nombre o empresa.* Pon estas fechas en tu *calendario digital con alertas.*

Cumplir con tus obligaciones te abre puertas, evita sanciones y demuestra que eres un emprendedor serio, preparado y listo para crecer.

13

Identidad de marca

Que te recuerden por lo correcto y no solo por el logo.

Cuando piensas en una marca que te gusta, ¿qué te viene a la mente?

Tal vez su nombre, sus colores, su estilo… pero también cómo te hace sentir. Eso es marca.

Tu marca no es solo tu logo. Es la *personalidad completa de tu negocio*, la huella emocional que dejas en tus clientes. Tú tienes una marca, aunque todavía no la hayas trabajado conscientemente.

En este capítulo, vas a aprender cómo construir una marca que conecte con las personas, que proyecte tu valor. Esa marca debe ser coherente contigo y tu propósito.

¿Qué es la marca?

La marca es el proceso de *crear y comunicar la identidad de tu negocio:* qué haces, cómo lo haces, por qué lo haces, y cómo haces sentir a tus clientes.

No es solo diseño gráfico. Es estrategia, narrativa, lenguaje, valores y experiencia.

Una buena marca:
    Se reconoce fácilmente.
    Transmite confianza y coherencia.
    Conecta emocionalmente con su audiencia.
    Es recordada y recomendada.

Elementos esenciales de la marca

1. Misión

¿Qué haces, para quién y con qué propósito?
Ejemplo:
"Educamos a mujeres emprendedoras en zonas

rurales mediante formación práctica y apoyo profesional para que lancen negocios sostenibles."

2. Visión

¿A dónde quieres llegar? ¿Qué cambio quieres ver en el futuro gracias a tu trabajo?

Ejemplo:

"Ser la red líder de emprendimiento femenino en el Caribe, con impacto social y económico medible."

3. Valores de marca

¿Qué principios guían tus decisiones, tu trato con clientes y tu cultura?

Los valores no deben quedarse solo en palabras bonitas, sino que se expresen como acciones y comportamientos observables.

Ejemplo:

En lugar de decir autenticidad, puedes expresarlo como:

"Actuamos con autenticidad: hablamos con honestidad y mostramos quiénes somos, sin máscaras."

En lugar de innovación:

"Buscamos nuevas formas de hacer mejor las cosas y no tenemos miedo de probar."

4. Tono y voz

¿Cómo habla tu marca? ¿Formal, cercana, divertida, inspiradora?

Define cómo quieres sonar... y cómo no.

Ejemplo:

— Cercanos, claros, con humor.

— Fríos, técnicos, arrogantes.

5. Identidad visual

Incluye tu logo, paleta de colores, tipografías, estilo fotográfico, plantillas gráficas.

No necesitas ser diseñador/a, pero sí mantener *coherencia visual en todos tus puntos de contacto:* redes, website, empaques, presentaciones.

6. Posicionamiento

¿Qué lugar quieres ocupar en la mente de tus clientes?
¿Qué te hace diferente y valioso?

Ejemplo: "La única marca en Puerto Rico que combina asesoría legal y emocional para emprendedoras primerizas".

Construye tu equipo de marca

Aquí tienes lo mínimo para comenzar con fuerza:

- Misión, visión y valores
- Tono de voz (palabras que usas, palabras que evitas)
- Público objetivo claro
- Colores principales y secundarios
- Tipografías recomendadas
- Estilo de imágenes o íconos
- Eslogan o frase clave

Puedes usar Canva, Notion, Figma, Prezi o una simple presentación en PowerPoint. Te recomiendo que luego que hagas este trabajo, te reúnas con un diseñador o artista gráfico. Ellos están preparados para desarrollar tu marca con los elementos adecuados. Recuerda que es la imagen de tu negocio.

Errores comunes de marca

! Cambiar de imagen y mensaje constantemente.

! Copiar el estilo de otras marcas sin adaptarlo a ti.

! No tener coherencia entre lo que dices y lo que haces.

! Querer gustarle a todo el mundo.

! Pensar que es solo algo bonito y no una estrategia.

Una marca fuerte *no es la más famosa. Es la más clara, coherente y conectada.*

Pregúntate:

Hoy mismo,

¿Qué dice tu marca hoy, incluso sin palabras?
¿Tienes claridad sobre tu misión, visión y valores?
¿Tu marca refleja quién eres realmente y a quién sirves?
¿Eres reconocible visualmente (aunque seas pequeño/a)?
¿Qué emociones quieres que la gente asocie contigo?

Recuerda: la marca no es solo cómo te ves, es cómo haces sentir.

Y si vas a construir algo que dure, *asegúrate de que tu marca hable claro, en intención y alma.*

_____

_____

_____

_____

_____

14

Networking y hablar en público

Conecta, comparte y comunica con confianza sin morir de miedo.

Emprender no es un camino que se camina solo. Puedes tener la mejor idea, el mejor producto y un plan sólido… Pero si nadie te conoce, si no sabes cómo contar tu historia, y si no estás dispuesto/a a salir de tu burbuja, tu impacto será limitado.

Hacer conexiones y hablar en público no son habilidades opcionales: son herramientas clave para posicionarte, crecer y abrir oportunidades.

No necesitas ser el alma de la fiesta. Solo necesitas estar dispuesto/a a conectar con intención.

¿Qué es el Networking?

Networking no es ir a eventos con tarjetas de presentación y repartirlas.

Es el proceso de *crear, nutrir y fortalecer relaciones personales y profesionales* basadas en valor compartido, autenticidad y reciprocidad.

Las 3 C's del Networking Efectivo:

Conectar:

Generar una primera impresión genuina con simpatía. No se trata de venderte, sino de presentarte con claridad y propósito.

Comunicar:

Contar quién eres, qué haces y qué valor aportas. Lo haces de forma clara, breve y auténtica.

Cultivar:

Hacer lo que prometiste. Dar seguimiento. Compartir recursos. Recordar que las relaciones necesitan cuidados para crecer.

Cómo prepararte para conectar

- Ten una presentación breve y clara: quién eres, qué haces, para quién lo haces.
- Lleva un ejemplo, historia o resultado que conecte.
- Escucha más de lo que hablas.
- Haz preguntas genuinas: interésate por la otra persona.
- Da seguimiento: un mensaje, una invitación, un recurso útil.

Consejo: *no vayas a eventos solo a buscar clientes.* Ve a hacer relaciones. Lo demás llega solo.

Hablar en público: no es talento, es preparación y confianza en tu negocio.

Sí, a muchos nos da miedo. Pero hablar en público es una *habilidad que se entrena.*

Si quieres presentar tu negocio o tus logros con seguridad, necesitas practicarla.

Los mejores comunicadores no son los más carismáticos, sino los más claros y auténticos.

Estructura básica para una buena presentación

Inicio memorable:

Usa una historia, una pregunta provocadora, un dato que impacte. Capta la atención.

Cuerpo con estructura:

Presenta tus ideas en bloques simples y transiciones claras. Usa ejemplos.

Cierre que impacte:

Termina con una frase inspiradora, una acción concreta o una invitación directa.

Ensaya con cronómetro. Sé breve, enfocado y directo.

Errores comunes al hablar en público

⚠ Leer diapositivas palabra por palabra.

⚠ Usar lenguaje técnico sin explicarlo.

⚠ No mirar al público.

⚠ Hablar sin un objetivo claro.

⚠ No practicar y confiarse demasiado.

La clave es prepararte tanto que parezca que no estás preparado/a y disfrutarlo. Es tu historia, tu negocio, tu trabajo, tu pasión, puedes disfrutar contarle a la gente lo que haces.

Lenguaje no verbal: Lo que dice tu cuerpo es el 93% de tu mensaje

- **Postura:** firme, abierta.
- **Mirada:** conecta con las personas.
- **Manos:** acompaña lo que dices, sin exagerar.
- **Voz:** habla pausadamente, varía el tono, respira.
- **Sonrisa:** sí, sonríe. Aun si estás nervioso/a.

Pregúntate:
Hoy mismo,

¿Tienes una presentación personal lista aunque sea mentalmente?
¿Te sientes cómodo/a contando tu historia frente a otros?
¿Estás aprovechando espacios para conectar con personas clave?
¿Das seguimiento a las personas con las que hablas en eventos?
¿Estás dispuesto/a a practicar, equivocarte y seguir mejorando?

Recuerda: hablar en público y hacer relaciones significativas *no es cuestión de personalidad, sino de propósito.* Si tienes un mensaje, un negocio o una visión que vale la pena compartir... entonces prepararte para contarlo bien.

15

El arte del vender o contar tu historia

Cómo presentar tu proyecto en 1, 3 o 5 minutos...y que quieran saber más.

Hay momentos clave en los que tienes muy poco tiempo para dejar una gran impresión: una reunión inesperada, una entrevista, un foro de inversionistas o una conversación casual que puede cambiarlo todo.

Ahí es donde entra **la historia de tu negocio**.

Un buen <u>cuento corto no vende todo. Pero vende lo esencial</u>: tu propósito, propuesta de valor, y capacidad para ejecutarla.

En este capítulo vas a aprender a estructurar tu historia, adaptarla según el tiempo disponible y presentarla con seguridad y claridad.

¿Qué es tu historia?

Es una presentación breve y estratégica de tu idea o negocio, diseñada para <u>captar atención, generar interés y abrir puertas</u>.

Puede durar:

- 1 minuto, un momento para impactar
- 3 minutos, formato de competencia o reunión informal
- 5 minutos, presentaciones con tiempo asignado

Lo importante no es el tiempo... es el enfoque.

Estructura básica de una historia poderosa

1. Introducción personal (quién eres + por qué importa)

Ejemplo: "Soy Natalia y fundé Cocina de Barrio para

llevar comida casera a comunidades que no tienen acceso fácil a opciones saludables." Un error común, es decir "me llamo Natalia", en vez de "Soy Natalia". Esa introducción personal te da la oportunidad de establecer un tono que hará que sigan escuchando. Sé directo/a y empodérate.

2. Problema / necesidad clara/definida

¿Qué situación real estás resolviendo? Hazlo tangible.
Ejemplo: "Más de 40,000 personas en zonas rurales del archipiélago tienen que viajar más de 30 minutos para encontrar productos frescos."

3. Solución (tu propuesta de valor)

¿Cómo resuelves ese problema? ¿Qué ofreces diferente?
Ejemplo: "Creamos una red de cocinas móviles que venden comida hecha con ingredientes locales, frescos y asequibles."

4. Producto / servicio / estado actual

¿Qué tienes listo hoy? ¿Ya vendes, tienes pilotos, prototipos, validaciones?
Ejemplo: "Ya lanzamos en 2 municipios Ponce y Guaynabo, vendimos 2,000 platos el primer mes y tenemos alianzas con agricultores locales."

5. Mercado y oportunidad

¿A quién sirves y cuán grande es el mercado? Usa los datos que aprendiste de tu mercado.

Ejemplo: "El mercado de comida rápida saludable supera los $10 millones en Puerto Rico, y se espera que llegue a los 12 millones en los próximos dos años según el Departamento de la Comida Federal."

Conocer tu mercado y sus estadísticas te da credibilidad.

6. Modelo de negocio

¿Cómo ganas dinero? ¿Ventas directas, suscripciones, licencias, etc.?

Ejemplo: "Ingresamos por ventas directas y comisiones de los puntos de venta aliados."

7. Competencia y diferenciador

¿Quién más lo hace? ¿Qué te hace diferente o mejor?

Ejemplo: "A diferencia de cadenas grandes, trabajamos directamente con agricultores y ajustamos el menú a cada comunidad."

Es importante que siempre hablemos de las diferencias, no critiquemos a nuestra competencia.

8. Equipo

¿Quién está contigo y por qué están capacitados para lograrlo?

Ejemplo: "Mi socia es chef con 10 años de experiencia, y yo soy agricultor."

9. Tracción (resultados) o validación

¿Qué logros puedes mostrar? ¿Qué interés has despertado?

Ejemplo: "Ganamos el primer lugar en una competencia de emprendimiento y tenemos una lista de espera en 3 pueblos, Carolina, Manatí y Lajas."

10. El pedido (llamada de acción)

¿Qué necesitas hoy? ¿Inversión, alianzas, clientes, difusión?

Ejemplo: "Buscamos $20,000 en inversión para duplicar nuestra operación y llevar el modelo a otros pueblos"

Consejos clave para una historia memorable

- **Practica con cronómetro.** Ajusta según el tiempo disponible.
- **No leas. Cuenta una historia.**

- Nadie sabe la historia que contaras, así que no te corrijas o titubees.

- **Muestra pasión, pero también control.** Sé claro, profesional y entusiasta.

- **Adapta el lenguaje a tu audiencia.** No uses jerga técnica si no es necesario.

- **Termina con un mensaje que inspire acción o curiosidad.**

Errores comunes al hacer una historia

! Querer contar TODO y abrumar.

! No mencionar el problema, solo el producto.

! Ser muy genérico, para todo el mundo.

! Hablar demasiado de ti y poco del cliente.

! No tener un cierre claro.

Pregúntate:
Hoy mismo,

¿Puedes explicar tu negocio en 60 segundos sin enredarte?
¿Estás listo/a para presentarlo en cualquier momento y contexto?
¿Tienes cifras, logros o historias reales que validen lo que haces?
¿Tienes claro qué pedirías si alguien te dijera: —¿en qué te ayudo?

Recuerda: No lo vas a contar todo, vas a dar una muestra para que regresen por más. Esta es tu herramienta para **posicionarte, conectar y avanzar.**

No necesitas ser perfecto/a. Solo necesitas estar preparado/a, poder elaborar con claridad, quién eres, que haces y que necesitas.

16

Comunidades empresariales sostenibles

Crea impacto económico, social y ambiental desde tu emprendimiento

Cada vez más personas emprenden no solo para generar ingresos, sino también para generar impacto. No hablamos de caridad. Hablamos de negocios que construyen una economía más justa, una sociedad más saludable y un planeta más habitable.

Sí, tú puedes ser parte de eso, no necesitas ser una gran empresa para hacerlo.

La sostenibilidad no es un lujo. Es una oportunidad y responsabilidad.

Tu negocio puede crecer, ganar dinero y construir algo que deje huella positiva en su comunidad.

¿Qué es sostenibilidad empresarial?

Sostenibilidad es la capacidad de *crear valor sin destruir lo que nos rodea*: recursos, personas, rela-ciones, oportunidades futuras.

Un negocio sostenible busca el equilibrio entre:

Económico:

Rentable, eficiente con potencial de crecimiento real.

Social:

Justo, ético con impacto positivo en las personas a las que toca directa o indirectamente.

Ambiental:

Consciente del uso de recursos, la generación de residuos y su huella ecológica.

No se trata de hacerlo perfecto. Se trata de hacerlo *mejor cada vez.*

¿Por qué importa en tu emprendimiento?

- Los consumidores lo valoran especialmente los jóvenes.
- Puedes reducir costos y desperdicio.
- Te diferencia de negocios que solo piensan en el dinero.
- Atraes talento y aliados que quieren construir con propósito.
- Es lo correcto, ético y moral.

Acciones sostenibles que puedes aplicar sin usar muchos recursos

En lo ambiental:

- Usa empaques reciclables o reutilizables.
- Reduce el uso de papel, plástico y energía.
- Compra local para reducir transporte y emisiones.
- Promueve prácticas como reusar, reparar o donar.

En lo social:

- Paga justo.
- Colabora con proyectos comunitarios.
- Ofrece talleres, mentorías o contenido gratuito.
- Incluye voces diversas en tus decisiones y mensajes.

En lo económico:

- Optimiza recursos: compra consciente, evita desperdicios.
- Apuesta al crecimiento sostenible, no al crecimiento acelerado y tóxico.
- Piensa a largo plazo: reputación, alianzas, impacto.

Herramientas para diseñar tu estrategia de impacto

"Sustainable Business Model Canvas": versión adaptada del Canvas tradicional, con énfasis en impacto social y ambiental.

FODA Sustentable: identifica Fortalezas, Oportunidades, Debilidades y Amenazas desde una perspectiva sostenible.

Indicadores clave de impacto: mide lo que haces. Ej.: reducción de desperdicio, número de beneficiarios, productos locales utilizados, horas de voluntariado.

Transparencia y comunicación: cuenta lo que haces con honestidad. Inspira con acciones, no solo con eslogans.

Errores comunes en sostenibilidad

! Hacerlo solo por moda.

! Querer abarcarlo todo desde el inicio (mejor empezar con poco, pero bien hecho).

! No medir ni comunicar el impacto.

! Pensar que ser pequeño te exime de responsabilidad.

Pregúntate:

Hoy mismo,

¿Qué impacto tiene tu negocio hoy —positivo o negativo— en su comunidad y entorno?

¿Qué pequeña acción podrías implementar esta

semana para ser más sostenible?
¿Tienes claridad sobre tu propósito más allá del ingreso?
¿Estás midiendo tu impacto social o ambiental?
¿Te ves como parte de una comunidad empresarial que construye futuro?

Recuerda: nadie exige perfección. Pero hoy, *se espera intención y acción.* Tú no eres solo otro negocio. Eres parte de un grupo de emprendedores que entienden que *ganar dinero y generar impacto no se contradicen —se complementan.*

17

Productividad y hábitos de ejecución

Crea un ritmo que funcione para ti y no solo para las redes sociales

Ser emprendedor/a muchas veces se traduce en una agenda llena, correos electrónicos sin responder, ideas sin ejecutar y una sensación constante de que nunca hay tiempo para nada.

La productividad no se trata de hacer más. Se trata de hacer lo prioritario con intención, y un sistema que *te sirva a ti*.

Este capítulo no es sobre cultura del buscón ni sobre trabajar 16 horas al día.

Es sobre *crear una rutina sostenible*, enfocarte en lo que importa y avanzar con claridad, sin sacrificar tu salud ni tu vida personal.

¿Qué es productividad?

Es la capacidad de *lograr resultados significativos con los recursos que tienes*, especialmente tu tiempo y tu energía. Es elegir bien en qué enfocarte, aprender a decir que no, terminar lo que empiezas y saber cuándo detenerte.

Estrategias simples para una productividad más inteligente

1. **Visualiza el proyecto completo**

Antes de comenzar, *imagina el resultado final*. Eso te da claridad sobre los pasos, tiempos y prioridades.

2. **Vacía la mente**

Saca TODO lo que tienes en la cabeza (tareas, ideas, pendientes) y escríbelo. Vaciar la mente aclara el camino.

3. Agrupa por categoría o urgencia

Usa etiquetas como: urgente, importante, delegable, futuro.

Prioritiza lo que mueve el negocio, no lo que te ocupa.

4. Regla de los 3 minutos

Si una tarea toma menos de 3 minutos, hazla ahora. Libera espacio mental.

5. Bloques de tiempo y rutinas

Agrupa tareas similares y colócalas en bloques en tu agenda.
Ej.: redes los lunes, ventas los martes, reuniones solo en la mañana, etc.

Herramientas útiles para emprendedores ocupados

Google Calendar / Notion / Trello / Todoist:
Planificación, seguimiento, recordatorios.

Forest / Pomofocus:
Técnicas de enfoque (como Pomodoro: 25 min de trabajo + 5 min descanso).

Canva, Grammarly, ChatGPT, IA productiva:

Delegación inteligente de contenido y escritura.

Método analógo:

libretas, post-its, Bullet Journal (¡sigue siendo válido!).

No importa la herramienta sino *que se adapte a ti, que se sienta natural para ti y te sea fácil usarla o accesarla.*

Crea una rutina semanal base

No necesitas llenar cada hora. Solo definir una estructura mínima:

- Horarios de alta concentración
- Espacios para llamadas, reuniones o imprevistos
- Tiempo para pensar, crear, libre y descanso

Productividad sin descanso es insostenible.

No eres una máquina. Eres el recurso más valioso de tu negocio.

Errores comunes al ser productivo

! Confundir estar ocupado con avanzar.

! Decir sí a todo sin capacidad para manejarlo.

! No tener prioridades claras.

! Empezar muchas cosas y no terminar ninguna.

! No medir tu tiempo ni tus resultados.

La solución no es trabajar más, sino *mejor*.

Pregúntate:

Hoy mismo,

¿Qué te está robando más tiempo sin darte resultados?
¿Qué hábito puedes implementar esta semana para enfocarte mejor?
¿Estás protegiendo tus horas de mayor energía?
¿Tienes claridad sobre tus prioridades del mes

¿Estás descansando lo suficiente para sostener tu ritmo?

Recuerda: *no es solo lanzar el negocio, es sostenerlo sin rendirte*. Necesitas más que fuerza de voluntad: necesitas estructura, hábitos, compromiso y respeto por ti mismo/a.

18

Alternativas de financiamiento

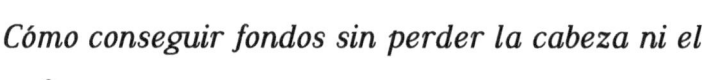

Cómo conseguir fondos sin perder la cabeza ni el enfoque

Tarde o temprano, todo emprendedor se enfrenta a esta pregunta:

¿Y con qué dinero lo voy a hacer?

Financiar un negocio no es solo buscar dinero. Es parte de una estrategia más amplia que comienza con saber cuánto necesitas, para qué lo necesitas y cómo lo vas a usar.

Este capítulo te presenta las principales fuentes de financiamiento disponibles, los errores que debes evitar y las recomendaciones para presentar propuestas que tengan posibilidad de ser aprobadas.

¿Qué es el financiamiento?

El financiamiento es el proceso mediante el cual un emprendimiento obtiene los recursos económicos necesarios para lanzar, crecer o sostener sus operaciones. Puede venir de manera interna, ahorros, reinversión de ingresos o de manera externa, préstamos, subvenciones, inversionistas.

No todo financiamiento es igual, ni aplica a todos los tipos de negocio.

Principales tipos de financiamiento

Subvenciones (grants)

Fondos no reembolsables otorgados por entidades públicas o privadas. No se devuelven, pero exigen transparencia, documentación y cumplimiento.

Ejemplos:

- Fondos de la Agencia Federal Small Business Administration (EE. UU. y territorios), Locales o Municipales, Internacionales para mujeres, innovación o impacto social.
- Programas de Desarrollo Económico.

Programas de Pre-Aceleración o Aceleración

Estos programas no solo ofrecen capital semilla, sino también acceso a redes de mentores, conexiones con inversionistas, espacios de visibilidad y formación intensiva. Son una gran alternativa para emprende-dores que buscan validar, escalar o internacionalizar sus negocios.

Ejemplos destacados:

- **Parallel 18** (Puerto Rico):
Programa global de aceleración que apoya empresas iniciales innovadoras con potencial de expansión global. Ofrece subvenciones, men-toría, acceso a inversionistas y aliados del ecosistema empresarial en el Caribe y América Latina.

- **500 Startups** (Latinoamérica y Global):
  Una de las aceleradoras más reconocidas a nivel mundial con presencia fuerte en la región. Ofrece programas intensivos de aceleración, inversión inicial y conexión con una red global de expertos y capital de riesgo.

- **Startup Chile:**
  Pionera en Latinoamérica. Programa del Gobierno Chileno que apoya emprendimientos globales con fondos, mentoría y residencia temporal en Chile para lanzar o expandir desde allí hacia el mundo. Tiene variantes para etapa temprana, expansión o emprendimiento femenino.

Financiación Colectiva con Donación (Crowdfunding)

El financiamiento colectivo permite que individuos aporten pequeñas cantidades de dinero para apoyar proyectos que les interesen o inspiran. Es especialmente útil para emprendimientos con un componente emocional fuerte, creativos o sociales.

Plataformas populares:

- **Kickstarter:**
 Ideal para productos innovadores, artísticos o creativos. Requiere una campaña bien presentada con video, metas claras y recompensas atractivas. Solo se recibe el dinero si se alcanza la meta de recaudación.

- **Indiegogo:**
 Similar a Kickstarter, pero más flexible en los modelos de recaudación. Acepta proyectos sociales, tecnológicos o personales. Puedes quedarte con los fondos aunque no llegues al 100% de la meta (modelo flexible).

- **GoFundMe:**
 Más orientado a causas personales, comunitarias o emergencia. No ofrece recompensas a los donantes. Muy útil si tu emprendimiento tiene una historia humana poderosa o estás lanzando con propósito social.

Financiamiento Colaborativo de Préstamo (Crowdlending)

Es una modalidad en la que muchas personas prestan pequeñas cantidades a un emprendedor o pequeño negocio. A diferencia de la donación, aquí *se espera devolución*, en términos e intereses accesibles.

Plataforma recomendada:

- **Kiva:**

    Plataforma internacional sin fines de lucro que ofrece micropréstamos a emprendedores de comunidades desatendidas. Puedes solicitar hasta $15,000 USD con **0% de interés** y sin historial de crédito. Requiere una campaña breve para activar tu red y lograr los primeros aportes antes de ser publicada globalmente.

Kiva es ideal para emprendedores de impacto, negocios comunitarios, personas en zonas rurales o con acceso limitado a financiamiento tradicional.

Financiamiento Tradicional

Préstamos, líneas de crédito o productos financieros ofrecidos por cooperativas, instituciones gubernamentales o bancos.

Inversionistas y Capital Semilla

Capital que entra al negocio a cambio de participación en acciones (Equity).
Incluye:

- Inversionistas Angeles
- Oficinas de Familias – Estas oficinas están diseñadas para administrar el patrimonio de una o varias familias con altos recursos, asegurando su continuidad y crecimiento a través de generaciones. Incluyen servicios financieros, de inversión, de planificación y de gestión del legado familiar.
- Fondos de Inversión de Impacto
- Capital de Riesgo (Venture Capital)

Requiere preparación, proyecciones claras, equipo comprometido y potencial de crecimiento.

Antes de solicitar fondos: prepárate bien

Planifica financieramente:

- Ten claro en qué usarás el dinero.
- Prepara un presupuesto realista.
- Conoce tus números: punto de equilibrio, ingresos, gastos, márgenes.
- Ten proyecciones a 12, 24 y 36 meses.

Documentación que podrías necesitar:

- Identificación vigente
- Plan de negocio
- Resumes del equipo
- Certificaciones (contribuciones, permisos, licencias)
- Estado Financiero Personal
- Contratos o cartas de intención
- Cotizaciones
- Explicaciones si tienes historial crediticio complicado

Errores comunes al buscar financiamiento

! No leer bien las instrucciones de la convocatoria

! Enviar propuestas genéricas

! No explicar con claridad para qué se usará el

dinero

⚠ Solicitar más de lo necesario o sin justificación

⚠ No conocer tus finanzas básicas

⚠ No practicar tu historia del negocio

Una historia de negocio para financiamiento debe incluir:

✔ Historia del proyecto
✔ Problema que resuelves
✔ Tu solución y cómo se diferencia
✔ Mercado objetivo
✔ Producto o prototipo actual
✔ Modelo de negocio
✔ Equipo y trayectoria
✔ Competencia y ventaja
✔ El pedido: ¿cuánto necesitas y para qué?

Ensáyalo en voz alta. No solo escribas. Práctica como si lo presentaras mañana.

¿Dónde buscar apoyo?

Aunque varía por país, algunas organizaciones clave a seguir (o buscar equivalentes) incluyen:

- Centros de emprendimiento o desarrollo económico locales.

- Aceleradoras y pre-aceleradoras.

- Organizaciones sin fines de lucro con enfoque en negocios.
- Plataformas nacionales de innovación y ciencia.
- Programas de desarrollo de la diáspora o emigrantes.

Pregúntate:

Hoy mismo,

¿Cuánto necesitas para tu próxima etapa? ¿para qué lo vas a usar?
¿Tienes tu documentación básica al día?
¿Has identificado convocatorias o programas abiertos en tu país o región?
¿Estás dispuesto/a a presentar tu idea con claridad y convicción?

Recuerda: conseguir financiamiento es posible. Requiere preparación, honestidad y estrategia. No se trata solo de conseguir dinero. Se trata de atraer aliados que crean en tu visión y apuesten contigo. Es esencial que tengas en consideración que siempre vas a necesitar tener capital propio al inicio para desarrollar la versión más simple del proyecto o ese Producto Mínimo Viable.

19

El camino emocional del emprendedor

Resistencia, miedo y no rendirse en el intento

Emprender no es solo estrategia, planillas, mercadeo y ventas. Emprender también es lidiar con la incertidumbre, el miedo al fracaso, días de soledad, y momentos en los que todo parece cuesta arriba. Pero de eso *se habla poco* cuando ves esas historias de éxito en redes sociales.

Este capítulo es una pausa necesaria para hablar del lado humano y emocional de emprender. Porque *no se trata solo de empezar… sino sostener.*

Las emociones del emprendimiento

- Un día sientes que lo tienes todo bajo control. Al día siguiente, dudas de ti mismo/a.
- Te celebran por ser valiente, pero tú solo quieres que el negocio sea estable.
- Te abruma la cantidad de decisiones que debes tomar.
- No duermes bien porque estás pensando en cómo pagar, resolver, lanzar.
- Sientes que no puedes fallar, porque muchas personas dependen de ti.

Todo esto es normal. Lo importante es *no tragarte esas emociones ni ignorarlas.*

Tres enemigos emocionales comunes del emprendedor/a

1. Miedo

Miedo a fracasar, a equivocarte, a exponerte, a perder dinero, a no dar la talla.

¿Qué hacer?

- Nómbralo. Decir tengo miedo ya es un acto de poder.
- Identifica si es miedo inminente o imaginado.

- Da pasos pequeños, medibles y apoyados por información, datos.
- Rodéate de personas que te reten y cuiden.

2. Agotamiento Extremo

Trabajas sin parar. Ya no disfrutas lo que haces. Estás agotado/a emocional y mentalmente.

¿Qué hacer?

- Crea límites claros (horarios, fines de semana, espacio personal).
- Aprende a delegar.
- Haz pausas: sin culpa.
- Recuerda que tu salud no es negociable.

3. Soledad

Aunque estés rodeado/a de gente, nadie entiende exactamente por lo que pasas y no puedes decirlo todo…

¿Qué hacer?

- Únete a comunidades emprendedoras.
- Crea círculos de confianza con quienes puedas hablar sin filtro.
- Busca mentoría, acompañamiento, terapia.

Desarrollar resistencia no es resistirlo todo.

Es adaptarte, reflexionar, aprender y levantarte con más claridad.

- Reconocer lo que sientes, sin negarlo.
- Buscar ayuda y no creer que hacerlo te hace débil.
- Aprender del fracaso sin dejar que te defina.
- Celebrar los avances, por pequeños que sean.
- Entender que tu valor como persona no depende del éxito del negocio.

Cuidarte es parte de tu estrategia de negocio

No es egoísmo o lujo. *Es sostenibilidad emocional.*

Haz espacio para ti. Para respirar. Para no hacer nada. Para volver a sentir alegría por lo que haces. Porque *si tú te apagas, tu negocio también.*

Pregúntate:
Hoy mismo,

¿Cómo estás de verdad?
¿Estás dejando que el negocio lo consuma todo en tu vida?
¿Tienes un sistema de apoyo?

¿Qué podrías hacer esta semana para recargarte emocionalmente?
¿Has celebrado tus logros... o solo estás sobreviviendo al próximo reto?

Recuerda: emprender es un camino valiente y hermoso si te permites *parar, sentir y sanar en el proceso.*

_____

_____

_____

_____

_____

_____

_____

_____

_____

Epílogo

No se trata solo de empezar, sino de sostener

SÍ LLEGASTE HASTA AQUÍ, ¡FELICIDADES!

Eso ya dice mucho de ti. Significa que tienes una idea, un sueño, pero sobre todo, el compromiso de construir algo propio con intención, propósito y estrategia.

Emprender es un acto de valentía, pero también una práctica diaria de claridad, aprendizaje y persistencia. Este libro no tiene todas las respuestas (ninguno las tiene), pero sí es valioso; las preguntas correctas, los pasos esenciales y la convicción de que puedes avanzar desde donde estás, con lo que tienes.

No necesitas esperar a que todo esté perfecto para lanzar tu negocio. Lo que necesitas es empezar: con los ojos abiertos, el corazón firme y una comunidad que te recuerde que no estás solo/a en este camino.

Emprender no se trata solo de soñar. Se trata de hacer y seguir haciendo incluso cuando el camino se ponga difícil.

Este libro no marca un final, sino el comienzo de lo que puedes construir. Lo escribo con la profunda convicción de que el emprendimiento es una herramienta para romper ciclos de pobreza, transformar realidades y acercarnos a la vida que deseamos.

Tú tienes en tus manos la capacidad de crear, crecer y sostener. La ruta nunca será lineal, recuerda siempre: cada paso cuenta, cada intento vale y cada decisión te acerca a ese futuro que estás decidido/a a alcanzar.

EMPRENDE SIN RENDIRTE.

Recursos útiles

Aquí te dejo una lista de herramientas, plataformas y enlaces recomendados:

Herramientas digitales:

- Canva: Diseño gráfico para no diseñadores.
- Trello, Notion, Google Calendar: organización y productividad.
- QuickBooks, Wave: contabilidad simple.

Plataformas para construir presencia online:

- Wix, Strikingly: sitios web fáciles de montar.
- Shopify: e-commerce.
- Google Forms, Typeform: encuestas y validación de ideas.

Siempre puedes conectar conmigo en www.nermaalbertorio.com

Glosario emprendedor

Modelo de negocio: la forma en que una empresa genera valor y lo convierte en ingresos.

MVP: Producto Mínimo Viable; la versión más simple de un producto para validar su utilidad.

Pitch: Presentación corta para explicar un negocio a posibles aliados, inversionistas o clientes.

Buyer persona: representación ficticia del cliente ideal.

Branding: construcción estratégica de la identidad de una marca.

Cash Flow: flujo de efectivo; entrada y salida real de dinero en el negocio.

Break-even point: punto de equilibrio; momento en que los ingresos cubren todos los costos.

Plantillas sugeridas (encuéntralas en www.nermaalbertorio.com)

Agradecimientos

Cuando pienso en agradecer, lo primero que me llega al corazón es mi mamá. Nerma Celia, que aunque hace tantos años que no está, me dejó la enseñanza más grande: no rendirme aun cuando las situaciones parecen imposibles. A mi papá, Glodoberto, que tampoco me acompaña físicamente, gracias por mostrarme la importancia de la palabra dada. Por recordarme que llegar 10 minutos antes, es llegar tarde. Gracias porque nací ponceña y a mucho orgullo siempre digo que soy una ponceña en el exilio.

A mis hermanos Eina, Glodoberto, Ana y Manuel Ángel, con quienes aprendí el valor de compartir y la certeza de que, a pesar de los retos, la sangre siempre llama y nos mantiene unidos. Mis sobrinos Ana Isabel, Gisela, Andrea, Daniela, Paula y DJ, convertirme en titi es una gran experiencia. Al resto de mi familia, a los que están y los que ya no están, mi eterno agradecimiento porque de ahí vengo y de ahí soy.

A los seres que me acompañan en este caminar, mi familia escogida: Jorge, Teresa, Ricardo, David, Paola, Geraldo, Gabriel y Fernando. Gracias por caminar conmigo y apoyarme cada vez que se me ocurre un nuevo proyecto y son muchos. A los recién llegados, Mara y Juan, que poco a poco aprenden a seguirme el ritmo.

A las amigas de vida que se convierten en hermanas y testigos de mis pasos: Betzaida, Cristina y Maricelys. A Brenda, gracias por tantos años de amistad sincera. Elda, gracias por ser testigo de mi vida a través del tiempo. Kathia, por tus consejos y ayuda.

A la familia extendida, Gabriel, gracias. A todos los que me siguen y a todos los que emprenden sin rendirse, gracias.

www.ingramcontent.com/pod-product-compliance
Lightning Source LLC
Chambersburg PA
CBHW050646160426
43194CB00010B/1833